Impressum
Verlag: BABADADA GmbH, Nedderfeld 112 , 22529 Hamburg
Geschäftsführer / Verlagsleitung: Harald Hof
Druck: Books on Demand GmbH, In de Tarpen 42, 22848 Norderstedt

Imprint
Publisher: BABADADA GmbH, Nedderfeld 112 , 22529 Hamburg, Germany
Managing Director / Publishing direction: Harald Hof
Print: Books on Demand GmbH, In de Tarpen 42, 22848 Norderstedt

l'école

سکول

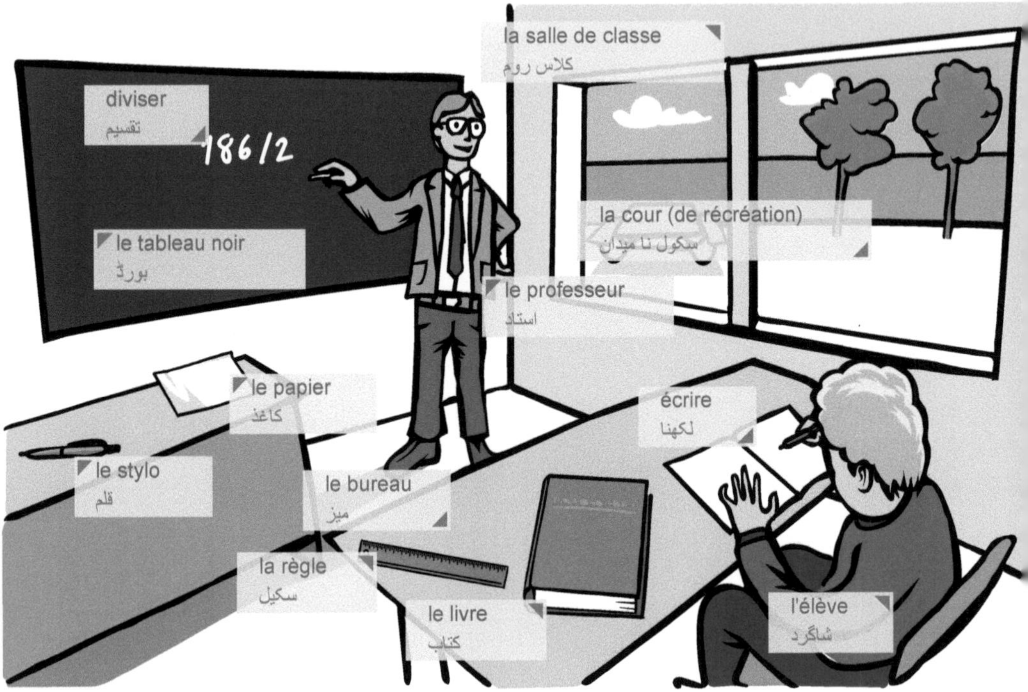
la salle de classe
کلاس روم
diviser
تقسیم
186/2
le tableau noir
بورڈ
la cour (de récréation)
سکول نا میدان
le professeur
استاد
le papier
کاغذ
écrire
لکھنا
le stylo
قلم
le bureau
میز
la règle
سکیل
le livre
کتاب
l'élève
شاگرد

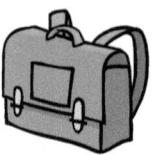

le cartable

جزدان

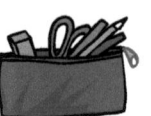

la trousse

پینسل دا ڈبہ

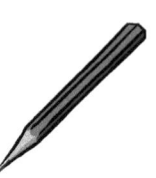

le crayon

پینسل

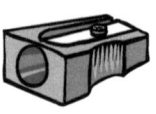

le taille-crayon

پینسل شارپنر

la gomme

ربر

le carnet à dessin

ڈرائنگ پیڈ

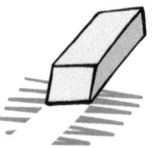

le dessin

ڈرائنگ

le pinceau

پینٹ برش

la boîte de peinture

پینٹ باکس

les ciseaux

قینچی

la colle

گلو

le cahier d'exercices

مشقی کتاب

les devoirs

گھر دا کم

le chiffre

عدد

additionner

جمع

soustraire

تفریق

multiplier

ضرب

calculer

کیلکولیٹ

la lettre

خطرہ

l'alphabet

حروف تہجی

le mot

لفظ

le texte

متن

lire

پڑھنا

la craie

چاک

la leçon

سبق

le livre de classe

رجسٹر

l'examen

امتحان

le certificat

سند

l'uniforme scolaire

سکول نی وردی

la formation

تعلیم

le lexique

انسائیکلوپیڈیا

l'université

یونیورسٹی

le microscope

مائیکرو سکوپ

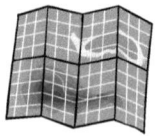

la carte

نقشہ

la corbeille à papier

کچرے نا ڈبہ

le voyage
سفر

l'hôtel
ہوٹل
Grand
l'auberge
ہاسٹل
ROOMS
CHANGE
le bureau de change
ایکسچینج دفتر
la valise
سوٹ کیس
la voiture
کار

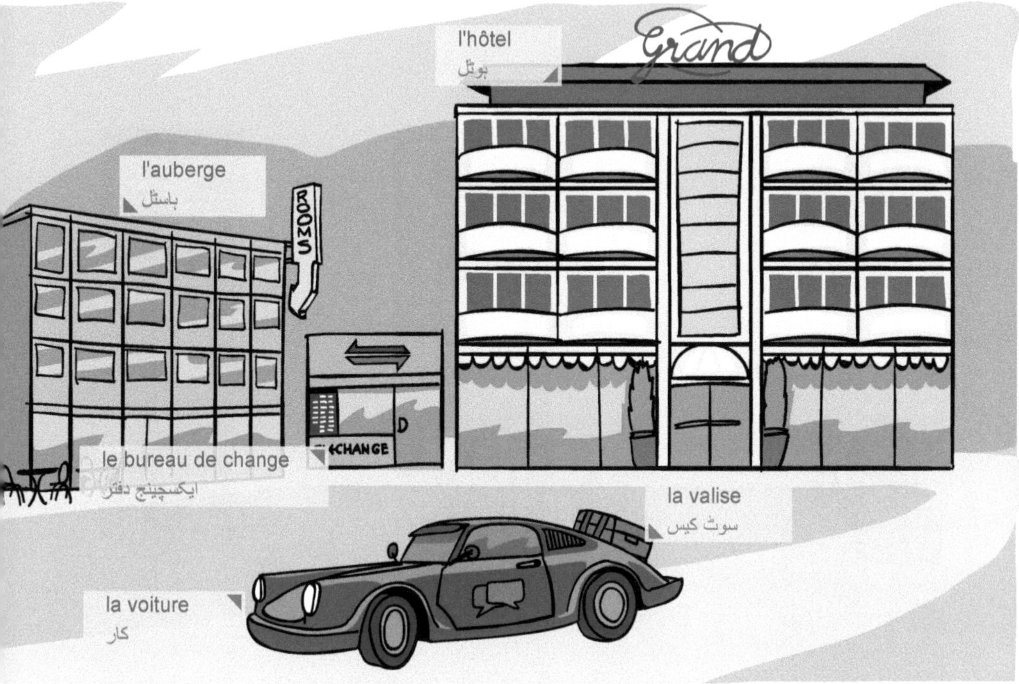

la langue

بولی

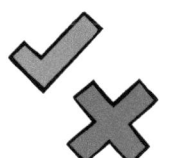

oui / non

ہاں /نہیں

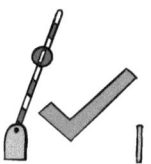

d'accord

ٹھیک ہے

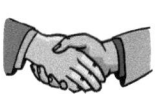

Salut

اسلام و علیکم

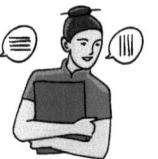

l'interprète

ترجمان

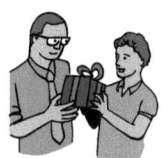

merci

شکریہ

Combien coûte...?

ایہہ کنّے نے ؟

Je ne comprends pas

می سمجھ نئیں رہی

le problème

مسئلہ

Bonsoir !

اسلام و علیکم

Bonjour !

اسلام و علیکم

Bonne nuit !

اللہ حافظ

Au revoir

اللہ نے حوالے

la direction

سمت

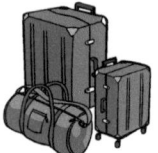

les bagages

سامان

le sac

بیگ

le sac-à-dos

بیک پیک

l'hôte

مہمان

la pièce

کمرہ

le sac de couchage

سلیپنگ بیگ

la tente

خیمہ

l'office de tourisme

سياح لئى معلومات

la plage

ساحل سمندر

la carte de crédit

کریڈٹ کارڈ

le petit-déjeuner

ناشتہ

le déjeuner

دوپہر نا کھانا

le dîner

رات نا کھانا

le billet

ٹکٹ

l'ascenseur

لفٹ

le timbre

مہر

la frontière

بارڈر

la douane

کسٹمز

l'ambassade

ایمبیسی

le visa

ویزا

le passeport

پاسپورٹ

le transport

ٹرانسپورٹ

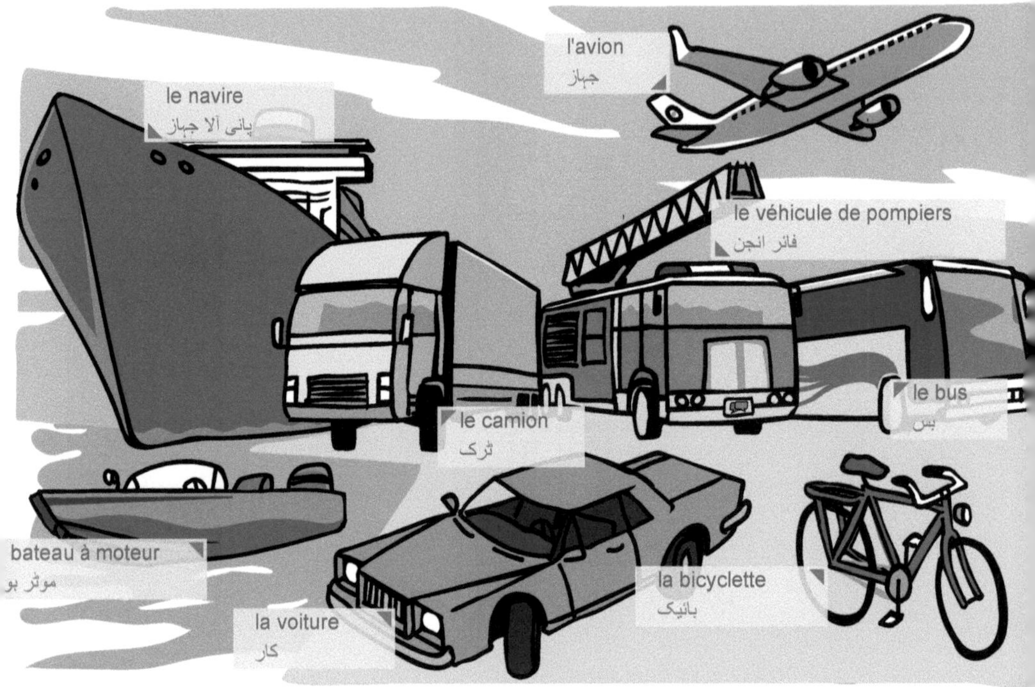

l'avion
جہاز
le navire
پانی آلا جہاز
le véhicule de pompiers
فائر انجن
le camion
ٹرک
le bus
بس
bateau à moteur
موٹر بو
la bicyclette
بائیک
la voiture
کار

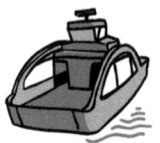

le ferry

فیری

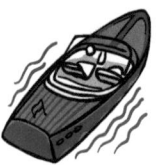

la barque

کشتی

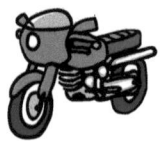

la moto

موٹر بائیک

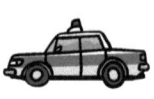

la voiture de police

پولیس کار

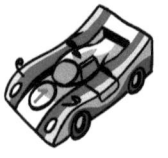

la voiture de course

ریسنگ کار

la voiture de location

کرایہ نی گڈ

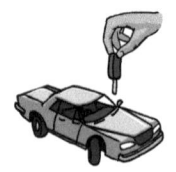

l'auto-partage

کار شیئرنگ

la voiture de remorquage

بریک ڈاؤن ٹرک

la benne à ordures

ریفیوز ٹرک

le moteur

موٹر

l'essence

فیول

la station d'essence

پٹرول سٹیشن

le panneau indicateur

ٹریفک سائن

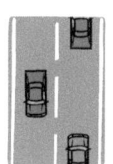

le trafic

ٹریفک

l'embouteillage

ٹریفک جام

le parking

کار پارک

la gare

ریل سٹیشن

les rails

ٹریکس

le train

ریل

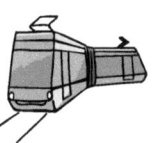

le tramway

ٹرام

le wagon

کیرج

l'hélicoptère

بیلی کاپٹر

l'aéroport

انر پورٹ

la tour

مینار

le passager

مسافر

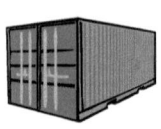

le conteneur

کنٹینر

le carton

کاٹن

le chariot

چھکڑا

la corbeille

بالٹی

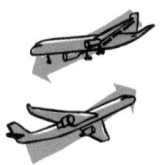

décoller / atterrir

اڑنا / لبنا

la ville

شہر

le village

پنڈ

le centre-ville

سٹی سینٹر

la maison

کھار

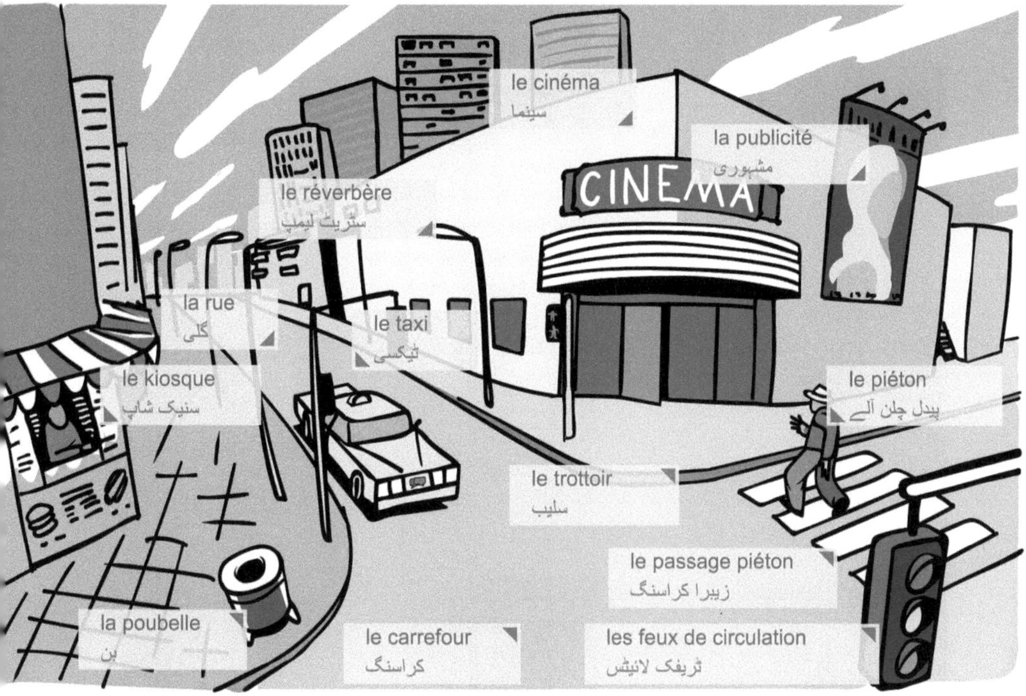

le cinéma
سینما

la publicité
مشہوری

le réverbère
سٹریٹ لیمپ

la rue
گلی

le taxi
ٹیکسی

le kiosque
سنیک شاپ

le piéton
پیدل چلن آلے

le trottoir
سلیب

le passage piéton
زیبرا کراسنگ

la poubelle
بن

le carrefour
کراسنگ

les feux de circulation
ٹریفک لائٹس

CINEMA

la cabane
ہٹ

l'appartement
فلیٹ

la gare
ریل سٹیشن

la mairie
ٹاؤن ہال

le musée
میوزنیم

l'école
سکول

l'université

یونیورسٹی

la banque

بنک

l'hôpital

ہسپتال

l'hôtel

ہوٹل

la pharmacie

فارمیسی

le bureau

دفتر

la librairie

کتب خانہ

le magasin

بٹی

le fleuriste

پھلاں الے

le supermarché

سپر مارکیٹ

le marché

بازار

le grand magasin

ڈیپارٹمنٹ سٹور

la poissonnerie

مچھیرے

le centre commercial

شاپنگ سینٹر

le port

بندرگاہ

le parc

پارک

la banque

بنچ

le pont

پل

les escaliers

سیڑھیاں

le métro

انڈر گراؤنڈ

le tunnel

ٹنل

l'arrêt de bus

بس سٹاپ

le bar

بار

le restaurant

ریسٹورنٹ

la boîte à lettres

پوسٹ بکس

le panneau indicateur

سٹریٹ سائن

le parcmètre

پارکنگ میٹر

le zoo

چڑیا گھار

le réverbère

سونمنگ پول

la mosquée

مسجد

la ferme

فارم

la pollution

آلودگی

la cimetière

قبرستان

l'église

چرچ

l'aire de jeux

پلے گراؤنڈ

le temple

مندر

le paysage

منظر

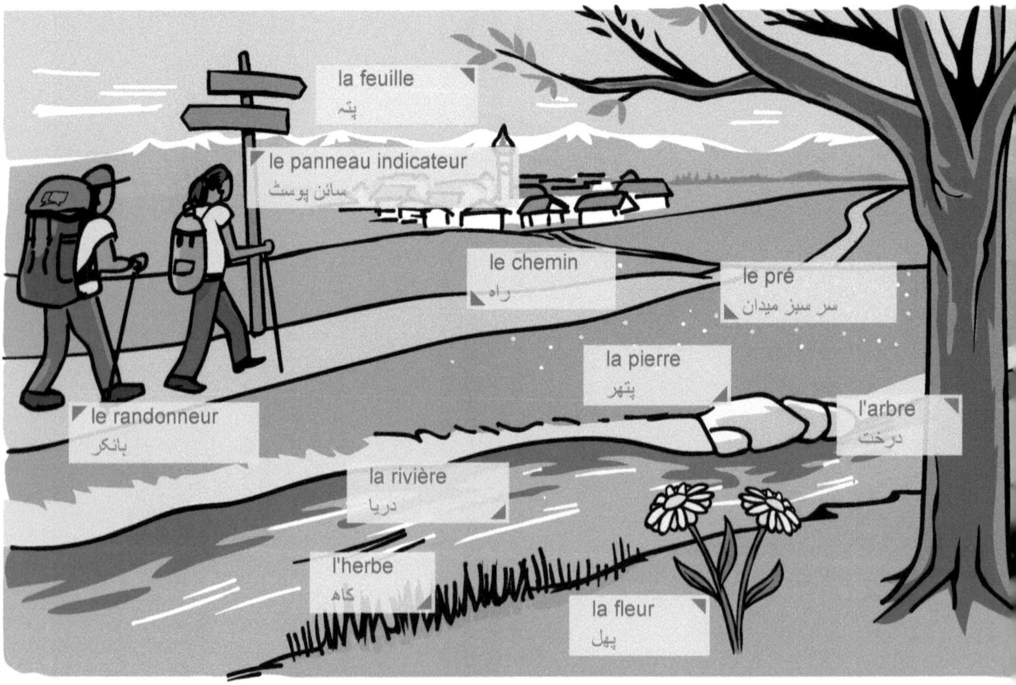

la feuille
پتہ

le panneau indicateur
سائن پوسٹ

le chemin
راہ

le pré
سر سبز میدان

la pierre
پتھر

l'arbre
درخت

le randonneur
ہائیکر

la rivière
دریا

l'herbe
گھاس

la fleur
پھول

la vallée

وادی

la montagne

پہاڑی

le lac

نہر

la forêt

جنگل

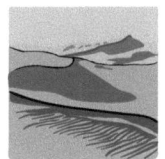

le désert

صحرا

le volcan

آتش فشاں

le château

قلعہ

l'arc-en-ciel

رین بو

le champignon

کھمبی

le palmier

پام ٹری

le moustique

مچھر

la mouche

مکھی

les fourmis

چیونٹا

l'abeille

مکھی

l'araignée

مکڑی

le coléoptère

بهونرا

la grenouille

مينڈک

l'écureuil

گلهری

le hérisson

سيهه

le lièvre

ساهيا

la chouette

الو

l'oiseau

پرنده

le cygne

راج هنس

le sanglier

نر سور

le cerf

هرن

l'élan

باره سنگا

le barrage

ڈيم

l'éolienne

ونڈ ٹربائن

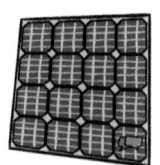

le panneau solaire

شمسی توانائی دا پينل

le climat

آب و هوا

le restaurant

ریسٹورنٹ

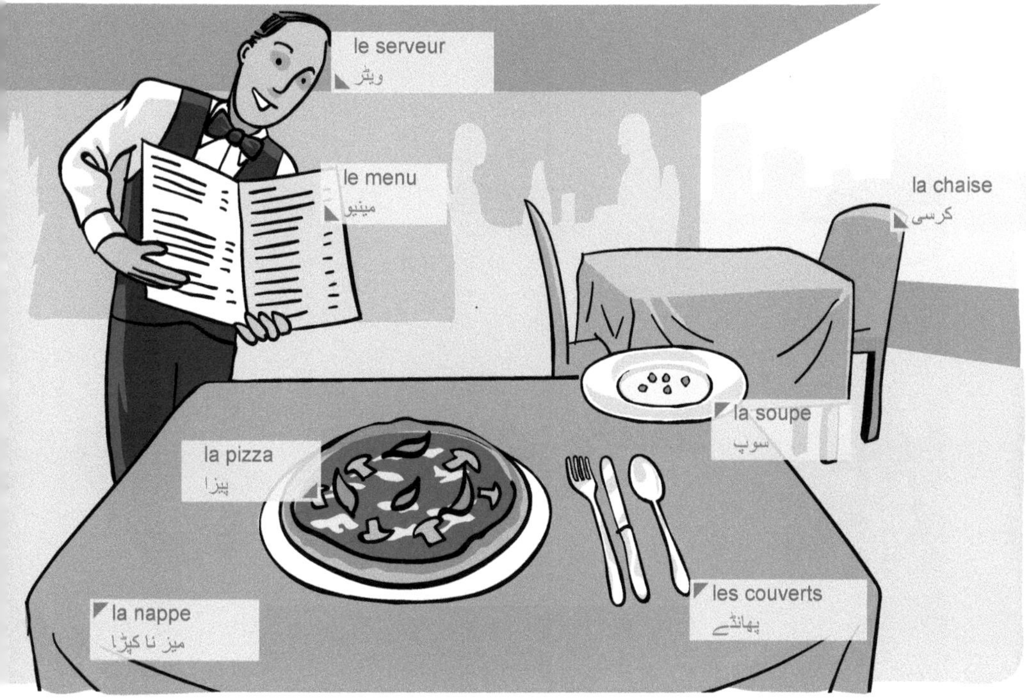
le serveur
ویٹر
le menu
مینیو
la chaise
کرسی
la soupe
سوپ
la pizza
پیزا
la nappe
میز نا کپڑا
les couverts
پھانڈے

les hors d'œuvre

سٹارٹر

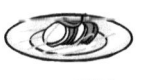

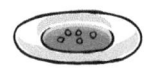

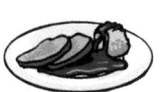

le plat principal

مین کورس

le dessert

ڈیزرٹ

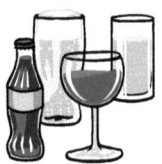

les boissons

مشروب

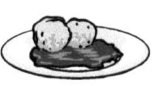

l'alimentation

کھانا

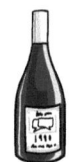

la bouteille

بوتل

le fast-food

فاسٹ فوڈ

les plats à emporter

سٹریٹ فوڈ

la théière

ٹی پاٹ

le sucrier

شوگر بول

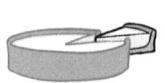

la portion

پورشن

la machine à expresso

اسپریسو مشین

la chaise haute

بانی چنیر

la facture

بل

le plateau

ٹرے

le couteau

چھری

la fourchette

کانٹا

la cuillère

چمچ

la cuillère à thé

ٹی سپون

la serviette

تولیہ

le verre

گلاس

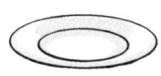

l'assiette

پلیٹ

l'assiette à soupe

سوپ پلیٹ

la soucoupe

ساسر

la sauce

چٹنی

la salière

نمک دانی

le moulin à poivre

پیپر مل

le vinaigre

سرکہ

l'huile

تیل

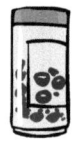

les épices

مصالحہ

le ketchup

کیچپ

la moutarde

سرسینوں

la mayonnaise

مئینیز

le supermarché
سپر مارکیٹ

l'offre promotionnelle
سپیشل آفر
FOR
le client
گاہک
les produits laitiers
ڈیری
les fruits
پھل
le chariot
ٹرالی

BUTCHERS

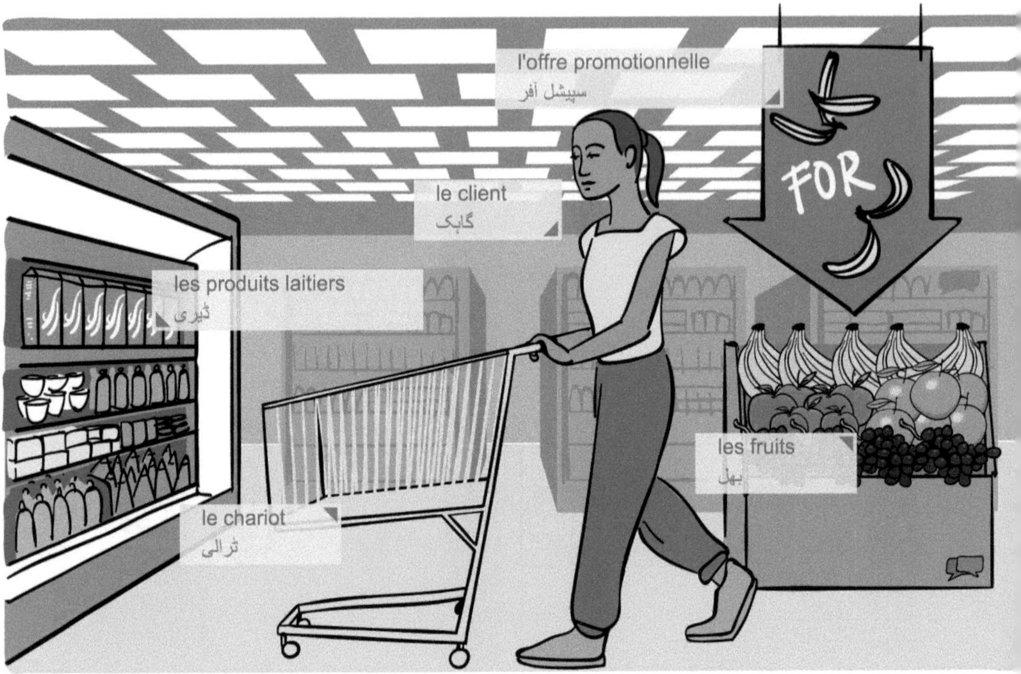

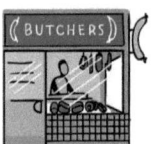

la boucherie

قصائی

BAKERY

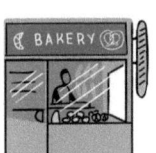

la boulangerie

بیکرز

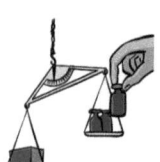

peser

وزن

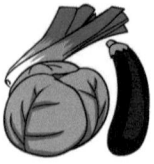

les légumes

سبزیاں

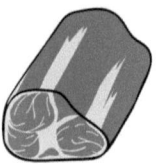

la viande

گوشت

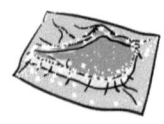

les aliments surgelés

فروزن فوڈ

la charcuterie

کولڈ گوشت

les conserves

ٹن فوڈ

la poudre à lessive

واشنگ پوڈر

les bonbons

مٹھائی

les articles ménagers

گھار دیاں چیزاں

les détergents

صفائی آلی چیزاں

la vendeuse

سیل مین

la caisse

ٹِل

le caissier

کیشنیر

la liste d'achats

شاپنگ لسٹ

les heures d'ouverture

کھلن دا ویلا

le portefeuille

پرس

la carte de crédit

کریڈٹ کارڈ

le sac

بیگ

le sac en plastique

پلاسٹک بیگ

le supermarché - سپر مارکیٹ

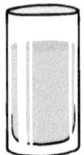

l'eau

پانی

le jus de fruit

جوس

le lait

دودھ

le coca

کوک

le vin

شراب

la bière

شراب

l'alcool

شراب

le chocolat chaud

کوکا

le thé

چا

le café

کافی

l'expresso

اسپریسو

le cappuccino

کیپچینو

la banane

كيلا

la pomme

سيب

l'orange

موسمبی

le melon

تربوز

le citron.

نيمبو

la carotte

گاجر

l'ail

لہسن

le bambou

بانس

l'oignon

پياز

le champignon

کھمبی

les noisettes

ميورے

les pâtes

نوڈلز

les spaghetti

سپیگیٹی

le riz

چاول

la salade

سلاد

les pommes frites

چپس

les pommes de terre rôties

تلے ہوئے آلو

la pizza

پیزا

le hamburger

بیم برگر

le sandwich

سینڈوچ

l'escalope

تکے

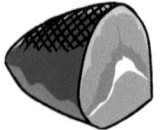

le jambon

ہیم

le salami

سلامی

la saucisse

ساسج

le poulet

مرغی

le rôti

بھنیا ہویا

le poisson

مچھلی

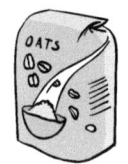

les flocons d'avoine

جو نا دلیہ

le muesli

مولی

les cornflakes

کارن فلیکس

la farine

آٹا

le croissant

کرائسنٹ

les petits-pains

بریڈ رول

le pain

روٹی

le pain grillé

ٹوسٹ

les biscuits

بسکٹ

le beurre

مکھن

le fromage blanc

دبی

le gâteau

کیک

l'œuf

انڈا

l'œuf au plat

تلیا انڈا

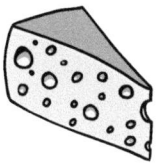

le fromage

پنیر

la glace

أئس كريم

le sucre

چینی

le miel

شہد

la confiture

جام

la crème nougat

چاکلیٹ سپریڈ

le curry

سالن

la ferme
فارم هاؤس

la grange
گودام

la botte de paille
ونڈا

le champ
جيوں

le cheval
گھوڑا

la remorque
ٹرالی

le poulain
بچھيرا

le tracteur
ٹریکٹر

l'âne
كھوتا

le mouton
بھيڑ

l'agneau
بھيڑ

la chèvre
....
بكرى

la vache
....
گاں

le veau
....
بچھڑا

le porc
....
سور

le porcelet
....
پگ ليٹ

le taureau
....
بيل

l'oie

بطخ

le canard

بطخ

le poussin

چوزه

la poule

مرغی

le coq

مرغا

le rat

چوہا

le chat

بلی

la souris

چوہا

le bœuf

بیل

le chien

کتا

le chenil

کتے نا کھار

le tuyau de jardin

لان نا پائپ

l'arrosoir

پانی نا ڈبی

la faucheuse

درانتی

la charrue

ہل

la faucille

درانتی

la pioche

بو

la fourche

ترنگل

la hache

کوباڑی

la brouette

ریڑھی

la cuve

ڈونگا

le pot à lait

دودھ نا ڈبہ

le sac

بورا

la clôture

باڑ

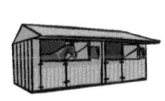

l'étable

اصطبل

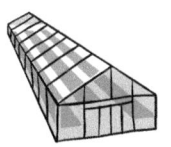

le serre

گرین ہاؤس

le sol

مٹی

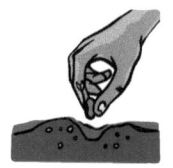

les semences

بیج

l'engrais

کھاد

la moissonneuse-batteuse

کمبائن ہارویسٹر

récolter

فصل

la récolte

فصل

l'igname

يامز

le blé

کنک

le soja

سويا

la pomme de terre

آلو

le maïs

مکئی

le colza

تلی

l'arbre fruitier

پھلدار درخت

le manioc

کاساوا

les céréales

اناج

la maison

کھار

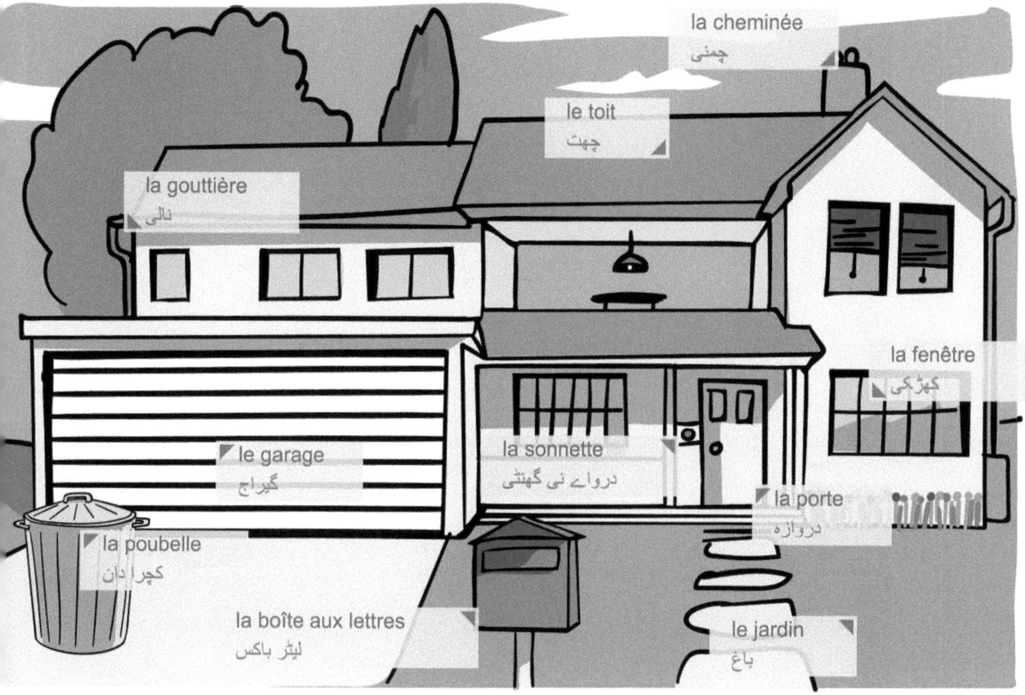

la cheminée
چمنی
le toit
چھت
la gouttière
نالی
la fenêtre
کھڑکی
le garage
گیراج
la sonnette
دروازے نی گھنٹی
la porte
دروازہ
la poubelle
کچرا دان
la boîte aux lettres
لیٹر باکس
le jardin
باغ

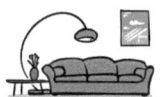

le salon

لونگ روم

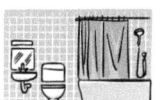

la salle de bain

باتھ روم

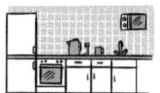

la cuisine

باورچہ خانہ

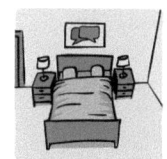

la chambre à coucher

بیڈروم

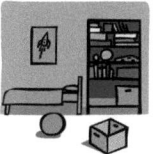

la chambre d'enfant

بچیاں نا کمرہ

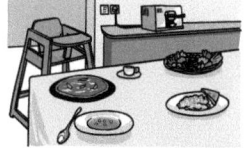

la salle à manger

ڈائننگ روم

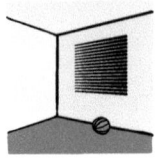

le sol

فرش

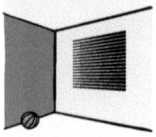

le mur

ديوار

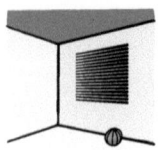

le plafond

چهت

la cave

سلہبا

le sauna

سوانا

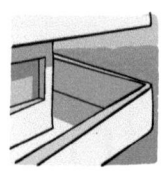

le balcon

بالکنی

la terrasse

ٹیرس

la piscine

پول

la tondeuse à gazon

لان موور

la housse

شیٹ

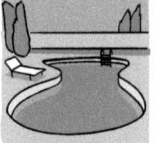

la couette

بیڈ سپریڈ

le lit

بیڈ

le balai

جھاڑو

le sceau

بالٹی

l'interrupteur

سونچ

32

la maison - گھر

le salon
لونگ روم

le papier peint
وال پیپر
l'image
تصویر
la lampe
لیمپ
l'étagère
شیلف
l'armoire
الماری
la télé
ٹیلیویژن
la cheminée
آگ دان
la fleur
پھل
le coussin
کشن
le sofa
صوفہ
le vase
گلدان
la télécommande
ریموٹ کنٹرول

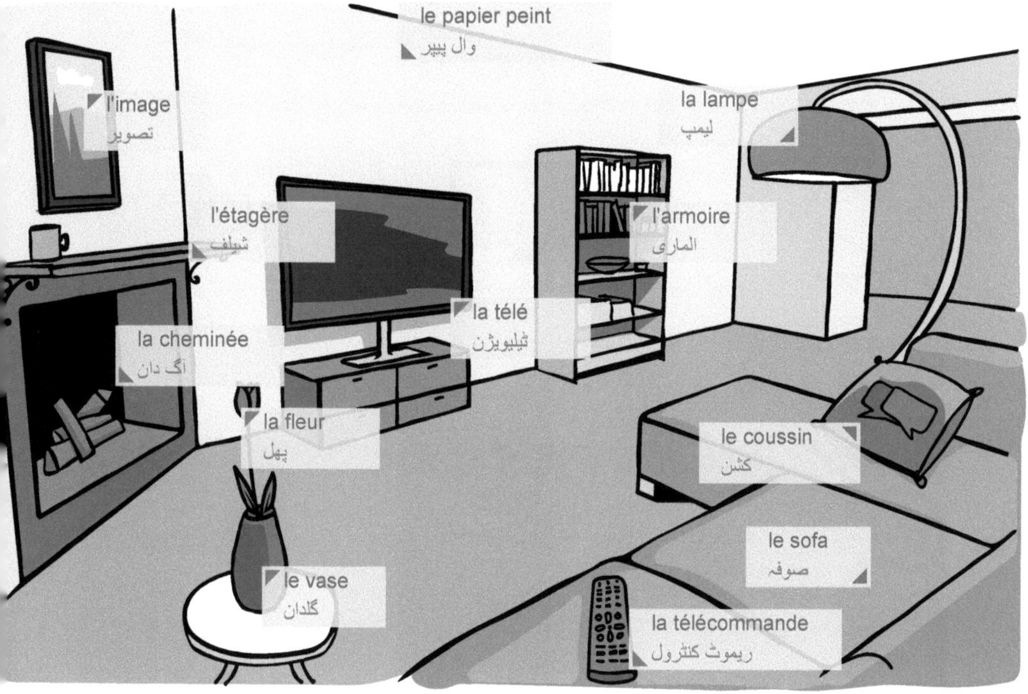

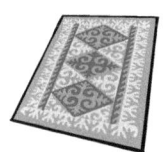

le tapis
قالین

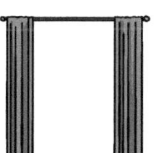

le rideau
پردے

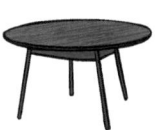

la table
میز

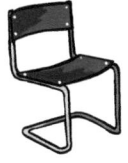

la chaise
کرسی

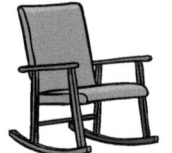

la chaise à bascule
راکنگ چئیر

le fauteuil
آرم چئیر

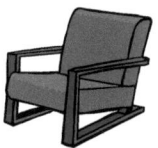

le livre

کتاب

la couverture

کمبل

la décoration

ڈیکوریشن

le bois de chauffage

کولے

le film

فلم

la chaîne hi-fi

ہائی فائی آلات

la clé

چابی

le journal

اخبار

la peinture

پینٹنگ

le poster

پوسٹر

la radio

ریڈیو

le bloc-notes

نوٹ پیڈ

l'aspirateur

ہوور

le cactus

کیکٹس

la bougie

موم بتی

la cuisine

باورچہ خانہ

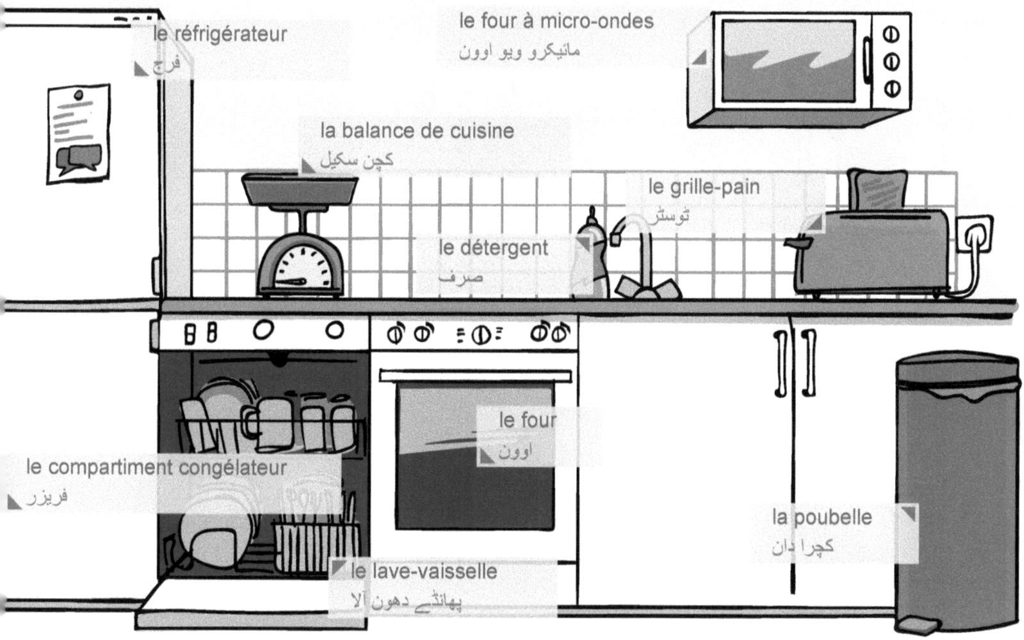

le réfrigérateur
فرج
le four à micro-ondes
مائیکرو ویو اوون
la balance de cuisine
کچن سکیل
le grille-pain
ٹوسٹر
le détergent
صرف
le four
اوون
le compartiment congélateur
فریزر
la poubelle
کچرا دان
le lave-vaisselle
پھانڈے دھون آلا

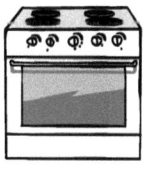

le four
....
ککر

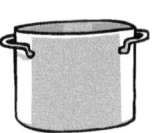

la casserole
....
پاٹ

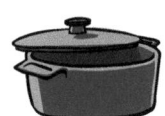

la marmite
....
کاسٹ آئرن پاٹ

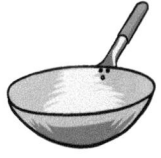

le wok / kadai
....
ووک / کدائی

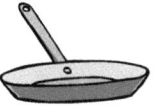

la poêle
....
پین

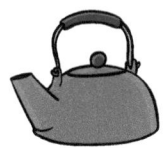

la bouilloire electrique
....
کیتلی

le cuiseur vapeur

سٹیمر

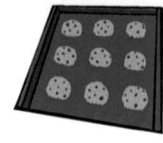

la plaque de cuisson

بیکنگ ٹرے

la vaisselle

پھانٹے

le gobelet

مگا

la coupe

پیالہ

les baguettes

چوپ سٹکس

la louche

کرچھل

la spatule

اسپالی

le fouet

پھینٹن آلا

la passoire

چھننا

le tamis

چھننی

la râpe

جھاواں

le mortier

کھان پکان آلا چمچہ

le barbecue

باربی کیو

la cheminée

چولہا

la planche à découper

کٹنگ بورڈ

le rouleau à pâtisserie

رولنگ پن

le tire-bouchon

کارک سکرو

la boîte

کین

l'ouvre-boîte

کین کھولن آلا

les maniques

پاٹ پکڑن آلا

le lavabo

سنک

la brosse

برش

l'éponge

سپنج

le mixeur

بلینڈر

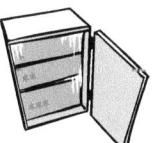

le congélateur

ڈیپ فریزر

le biberon

بچے نی بوتل

le robinet

ٹوٹی

le chauffage
ہیٹنگ

la douche
شاور

la serviette
تولیہ

le rideau de douche
شاور کرٹن

le bain moussant
ببل باتھ

la baignoire
نہان آلاتی

le verre
گلاس

la machine à laver
واشنگ مشین

le robinet
ٹوٹی

le carrelage
ٹائل

le pot
پاخانہ

le lavabo
سنک

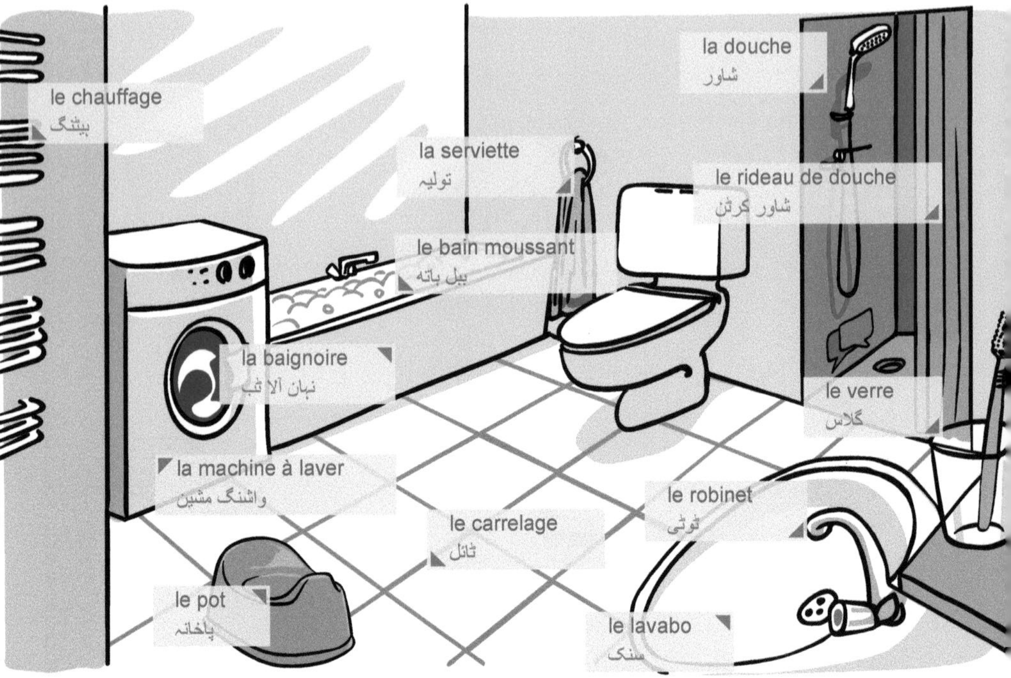

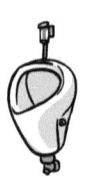

les toilettes

ٹوائلٹ

la toilette à la turque

ٹوائلٹ

le bidet

بڈٹ

l'urinoir

پیشاب

le papier toilette

ٹوائلٹ پیپر

la brosse à toilette

ٹوائلٹ برش

la brosse à dents

تووتھ برش

le dentifrice

تووتھ پیسٹ

le fil dentaire

ڈینٹل فلاس

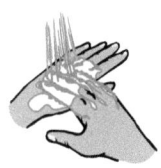

laver

دھونا

la douche manuelle

بتھ وچ پھڑّن آلا شاور

la douche intime

شاور

la vasque

بیسن

la brosse dorsale

بیک برش

le savon

صابن

le gel douche

شاور جیل

le shampooing

شیمپو

le gant de toilette

فلالین

l'écoulement

نالی

la crème

کریم

le déodorant

ڈیوڈرنٹ

le miroir

أئينه

le miroir cosmétique

بته ألا شيشه

le rasoir

استرا

la mousse à raser

شيونگ فوم

l'après-rasage

أفٹر سيو

la peigne

كنگها

la brosse

برش

le sèche-cheveux

ہنير ڈرائر

la laque pour cheveux

ہنير سپرے

le fond de teint

ميک اپ

le rouge à lèvres

لپ سٹک

le vernis à ongles

ناخن ني وارنش

l'ouate

كاٹن وول

le coupe-ongles

ناخن كتر

le parfum

پرفيوم

la trousse de toilette

واش بيگ

le tabouret

پاخانه

le pèse-personne

وزن دا پيمانه

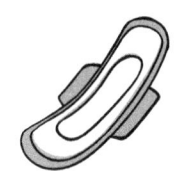

le peignoir

باتھ نى المارى

les gants de nettoyage

ربر نے دستانہ

le tampon

بفر

es serviettes hygiéniques

توليہ سٹينڈ

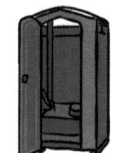

la toilette chimique

كيميكل ٹوائلٹ

la chambre d'enfant

بچیاں نا کمرہ

le réveil
الارم کلاک
le doudou
کھڈونے
la voiture jouet
کھڈونا گڈی
le hochet
ھڑھڑ
la maison de poupée
گڈی نا کھار
le cadeau
تحفہ

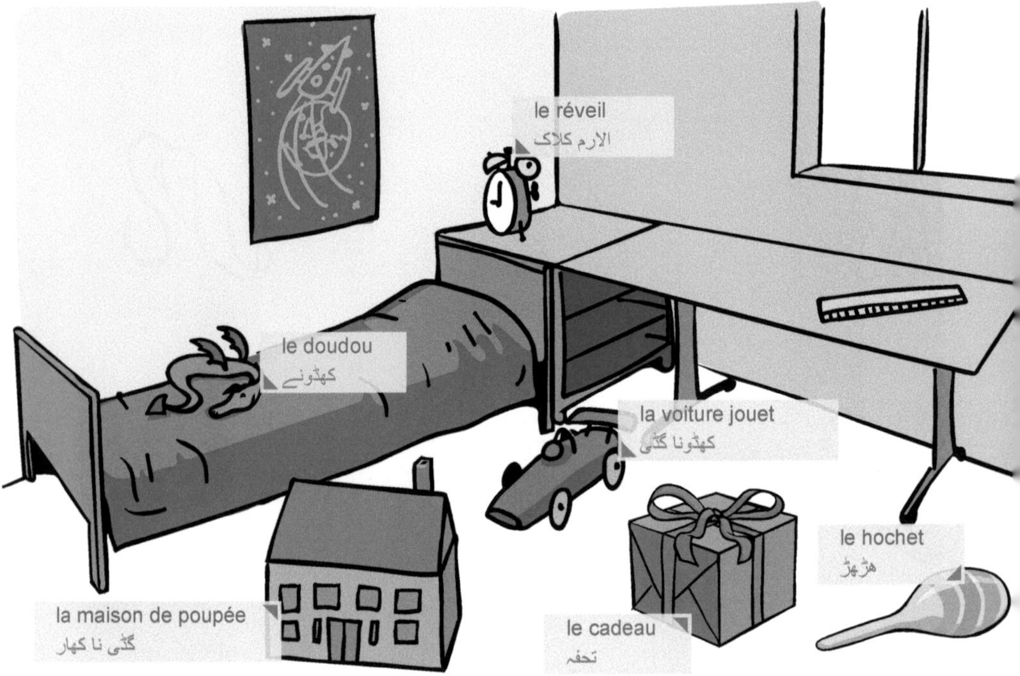

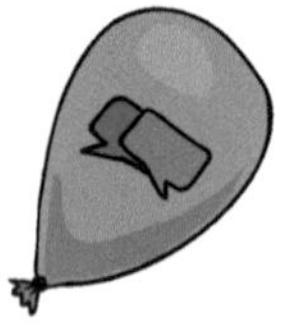

le ballon

پھکانا

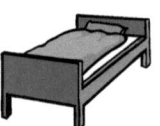

le lit

بیڈ

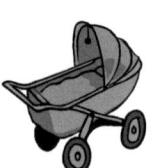

la poussette

پرام

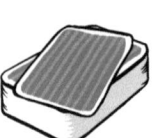

le jeu de cartes

تاش نے پتے

le puzzle

جگ سا

SUPER
MEGA

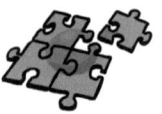

la bande dessinée

کامک

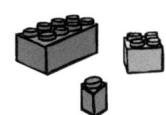

les pièces lego

لیگو بریکس

les blocs de construction

بلڈنگ بلاکس

la figurine

کھڈونا

la grenouillère

بے بی گرو

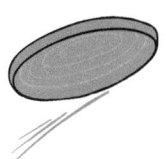

le frisbee

فرزوی

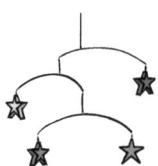

le mobile

موبائل

le jeu de société

بورڈ گیم

le dé

ڈائس

le train miniature

ماڈل ٹرن سیٹ

la sucette

ڈمی

la fête

پارٹی

le livre d'images

تصویری کتاب

la balle

گیند

la poupée

گڈی

jouer

کھیڈنا

le bac à sable

سینڈ پٹ

la balançoire

جھولا

les jouets

کھڈونے

la console de jeu

ویڈیو گیم کنسول

le tricycle

ٹرائی سائیکل

l'ours en peluche

ٹیڈی بئیر

l'armoire

الماری

les vêtements

کپڑے

les chaussettes

جراباں

les bas

جراباں

le collant

ٹائٹس

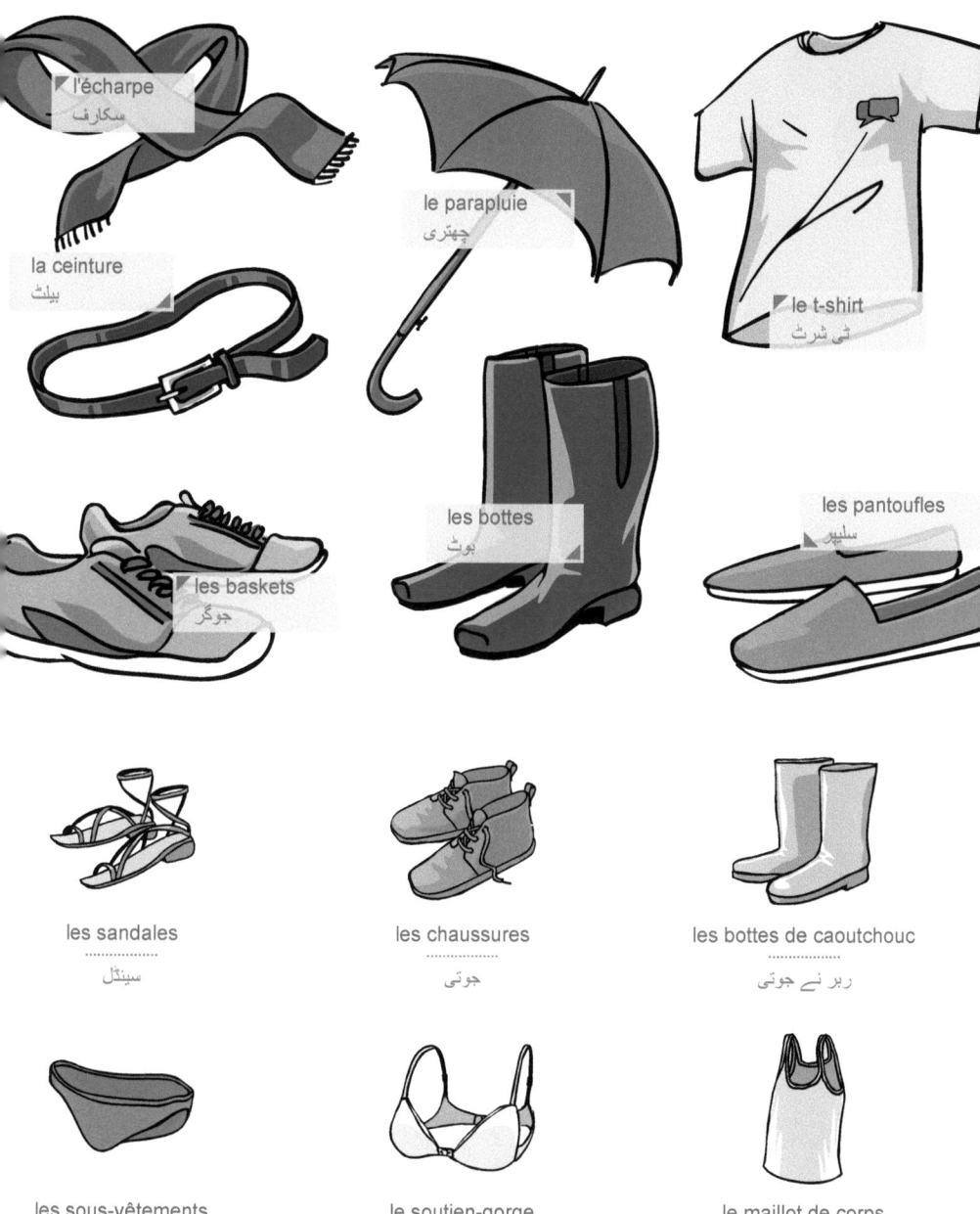

l'écharpe
سکارف

le parapluie
چھتری

le t-shirt
ٹی شرٹ

la ceinture
بیلٹ

les bottes
بوٹ

les pantoufles
سلیپر

les baskets
جوگر

les sandales

سینڈل

les chaussures

جوتی

les bottes de caoutchouc

ربر نے جوتی

les sous-vêtements

انڈر ونیر

le soutien-gorge

برا

le maillot de corps

بنیان

les vêtements - کپڑے

le body

جسم

le pantalon

پاجامہ

le jean

جینز

la jupe

سکرٹ

le chemisier

برا

la chemise

قمیض

le pull

سوئیٹر

le sweat à capuche

ہوڈی

la veste

کوٹ

la veste

جیکٹ

le manteau

کوٹ

l'imperméable

برساتی

le costume

کاسٹیوم

la robe

کپڑے

la robe de mariée

شادی نا جوڑا

le costume

سوٹ

la chemise de nuit

راتے نے کپڑے

le pyjama

پاجامہ

le sari

ساڑھی

le foulard

سکارف

le turban

پگڑی

la burqa

برقعہ

le caftan

کفتان

l'abaya

برقعہ

le maillot de bain

نہان والے کپڑے

le maillot de bain

انڈرونیر

le short

نیکر

la tenue d'entraînement

ٹریک سوٹ

le tablier

دھوتی

les gants

دستانے

le bouton

بٹن

les lunettes

چشمہ

le bracelet

بریسلیٹ

le collier

ہار

la bague

انگوٹھی

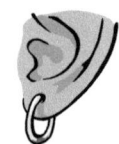

la boucle d'oreille

کنڈے

le bonnet

ٹوپی

le cintre

کوٹ ہینگر

le chapeau

ٹوپی

la cravate

ٹائی

la fermeture éclair

زپ

le casque

ہیلمٹ

les bretelles

بریسز

l'uniforme scolaire

سکول نی وردی

l'uniforme

وردی

le bavoir

بب

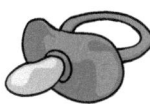

la sucette

ڈمی

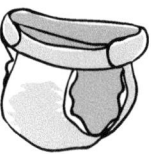

la lange

ناپی

le bureau

دفتر

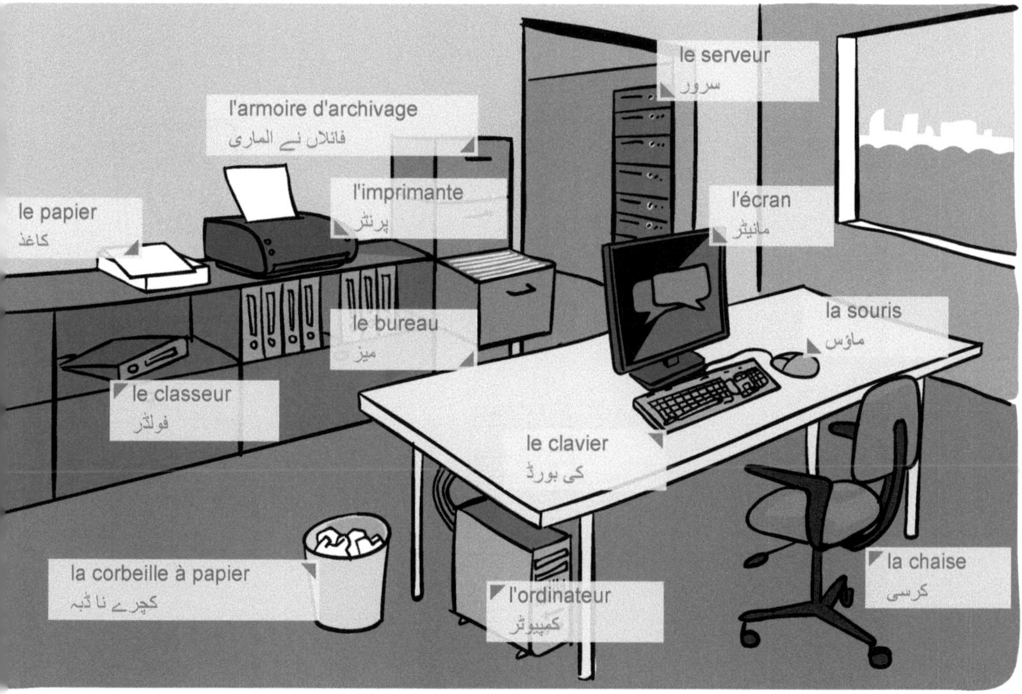

le serveur

سرور

l'armoire d'archivage

فائلاں نے الماری

l'imprimante

پرنٹر

le papier

کاغذ

l'écran

مانیٹر

le bureau

میز

la souris

ماؤس

le classeur

فولڈر

le clavier

کی بورڈ

la corbeille à papier

کچرے نا ڈبہ

l'ordinateur

کمپیوٹر

la chaise

کرسی

la tasse de café

کافی مگ

la calculatrice

کیلکولیٹر

l'internet

انٹرنیٹ

l'ordinateur portable

لیپ ٹاپ

la lettre

خط

le message

پیغام

le portable

موبائل

le réseau

نیٹ ورک

la photocopieuse

فوٹو کاپیئر

le logiciel

سافٹ ویئر

le téléphone

ٹیلیفون

la prise

پلگ ساکٹ

le fax

فکس مشین

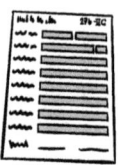

le formulaire

فارم

le document

دستاویزات

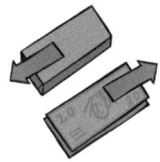

acheter

خريدنا

payer

ادا كرنا

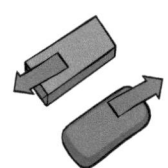

faire du commerce

تجارت

la monnaie

پيسہ

USD

le dollar

ڈالر

EUR

l'euro

يورو

JPY

le yen

ين

RUB

le rouble

ربل

CHF

le franc suisse

سويس فرانک

CNY

le renminbi yuan

رينمينبى يوان

INR

la roupie

روپيہ

le distributeur automatique

کيش پواننٹ

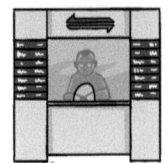

le bureau de change

ایکسچینج دفتر

l'or

سونا

l'argent

چاندی

le pétrole

تیل

l'énergie

توانائی

le prix

قیمت

le contrat

معاہدہ

la taxe

ٹیکس

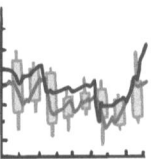

l'action

سٹاک

travailler

کم

l'employé

ملازم

l'employeur

أجر

l'usine

فیکٹری

le magasin

بٹی

les professions

پیشہ

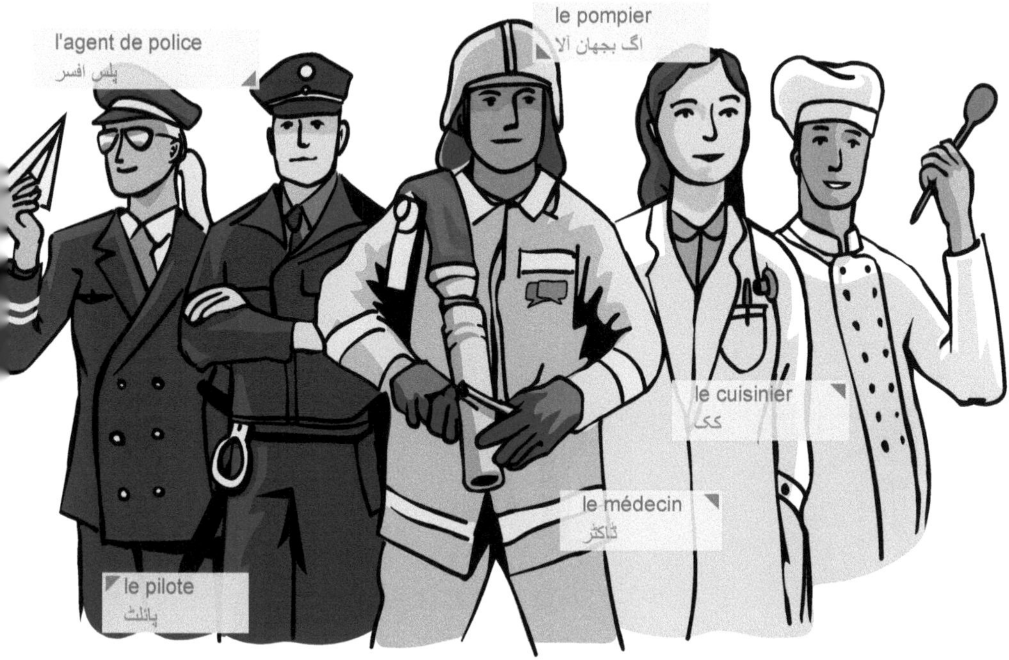
l'agent de police
پلس افسر
le pompier
اگ بجھان آلا
le cuisinier
کک
le médecin
ڈاکٹر
le pilote
پائلٹ

le jardinier

مالی

le menuisier

برھئی

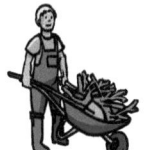

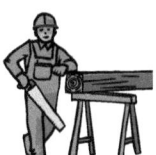

la couturière

درزن

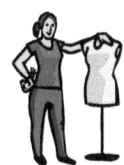

le juge

جج

le chimiste

کیمسٹ

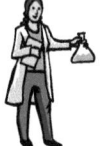

l'acteur

ایکٹر

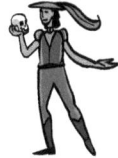

le conducteur de bus

بس ڈرائیور

le chauffeur de taxi

ٹیکسی ڈرائیور

le pêcheur

مچھیرا

la femme de ménage

صفائی آلی جنانی

le couvreur

روفر

le serveur

ویٹر

le chasseur

شکاری

le peintre

پینٹر

le boulanger

بیکری آلا

l'électricien

الیکٹریشن

l'ouvrier

تعمیرات آلا

l'ingénieur

انجینیئر

le boucher

قصائی

le plombier

پلمبر

le facteur

پوسٹ مین

le soldat

سپاہی

l'architecte

آرکیٹیکٹ

le caissier

کیشیئر

le fleuriste

پھلاں آلا

le coiffeur

نائی

le contrôleur

کنٹکٹر

le mécanicien

مکینک

le capitaine

کپتان

le dentiste

دندان ساز

le scientifique

سائنس دان

le rabbin

ربانی

l'imam

امام

le moine

رابب

le prêtre

انگریز

les outils

ٹولز

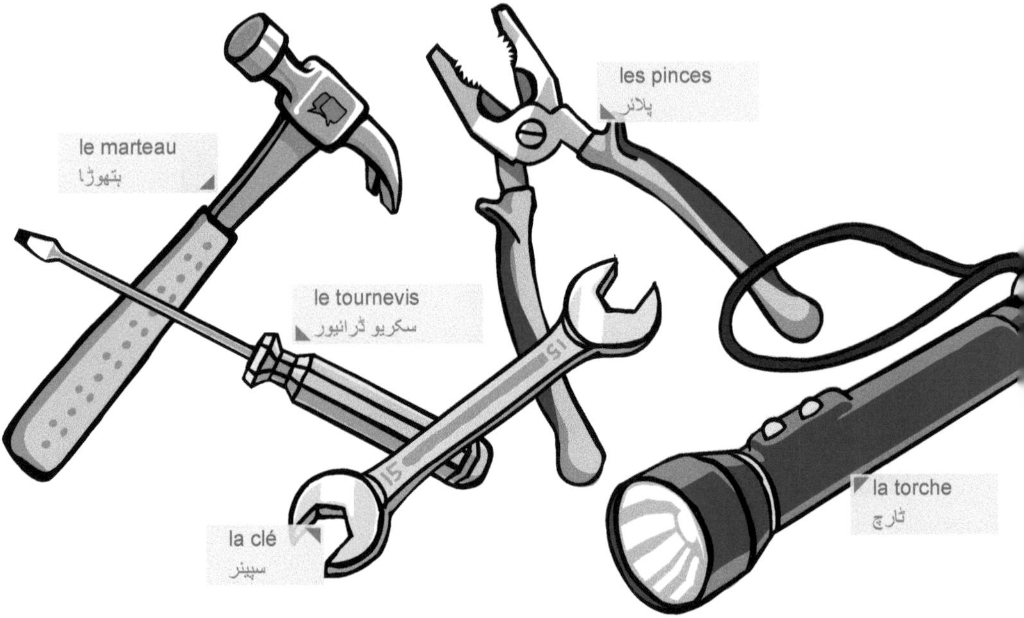

le marteau
ہتھوڑا
les pinces
پلائر
le tournevis
سکریو ڈرائیور
la clé
سپینر
la torche
ٹارچ

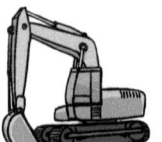

la pelleteuse

پھاوڑا

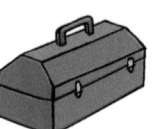

la boîte à outils

ٹول باکس

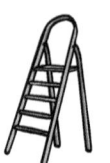

l'échelle

سیڑھی

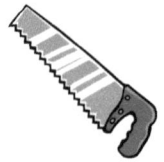

la scie

آری

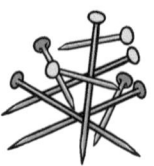

les clous

کیل

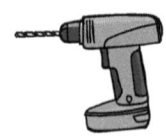

la perceuse

ڈرل

réparer

مرمت

la pelle

شاول

Mince !

لعنتا!

la pelle

ٹسٹ پین

le pot de peinture

پینٹ پاٹ

les vis

سکریوز

les instruments de musique

موسیقی نے آلات

le haut-parleurs
لاؤڈ سپیکر

la batterie
ڈرم کٹ

la guitare
گٹار

la contrebasse
ڈبل بیس

la trompette
نرسنگے

le piano

پیانو

le violon

وائلن

la basse

بیس

les timbales

ٹمپانی

le tambour

ڈرمز

le piano électrique

کی بورڈ

le saxophone

سیگزو فون

la flûte

بانسری

le microphone

مائکروفون

le zoo

چڑیا کھار

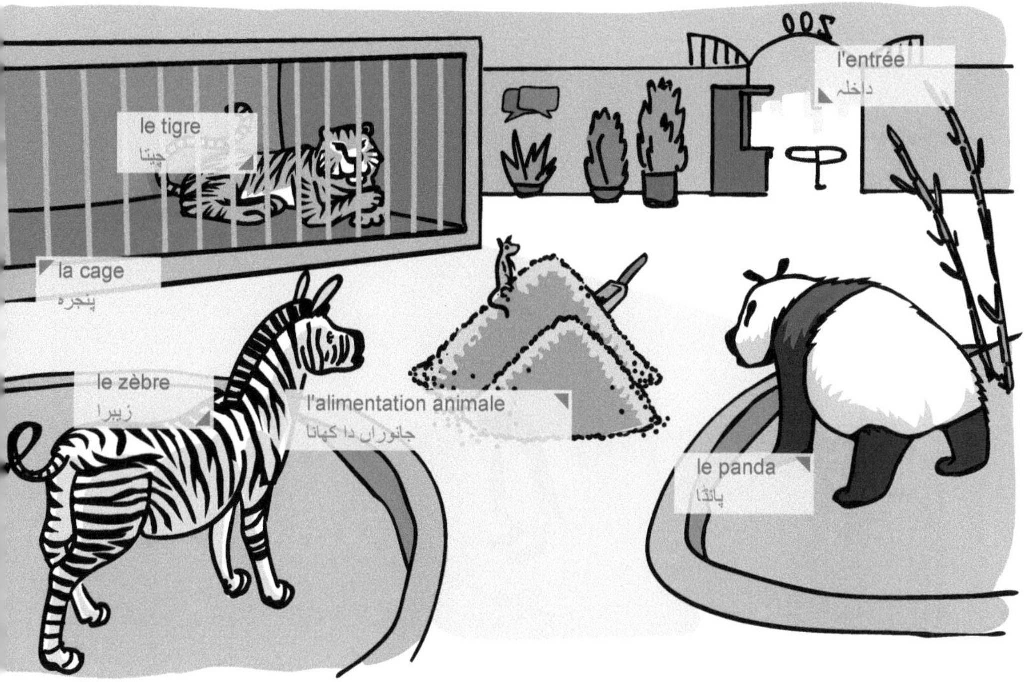
l'entrée
داخلہ
le tigre
چیتا
la cage
پنجرہ
le zèbre
زیبرا
l'alimentation animale
جانوراں دا کھانا
le panda
پانڈا

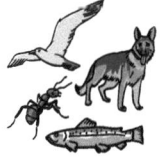

les animaux
جانور

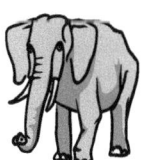

l'éléphant
ہاتھی

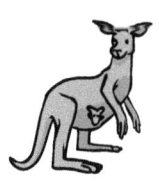

le kangourou
کینگرو

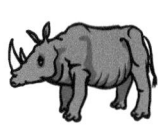

le rhinocéros
گینڈا

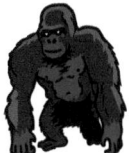

le gorille
گوریلا

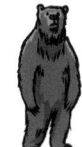

l'ours
ریچھ

le chameau

اونٹ

l'autruche

شترمرغ

le lion

شیر

le singe

باندر

le flamand rose

فلیمنگو

le perroquet

طوطا

l'ours polaire

برفانی ریچھ

le pingouin

پینگوئین

le requin

شارک

le paon

مور

le serpent

سپ

le crocodile

مگرمچھ

le gardien de zoo

چڑیا گھر دا رکھوالا

le phoque

سیل

le jaguar

جیگوار

le poney

پونی

le léopard

لیپرڈ

l'hippopotame

ہیپو

la girafe

زرافہ

l'aigle

چیل

le sanglier

نر سور

le poisson

مچھی

la tortue

کیچھوا

le morse

والرس

le renard

لومڑ

la gazelle

گیزل

l'american Football
امریکن فٹبال

le cyclisme
سائکلنگ

le tennis
ٹینس

le basket-ball
باسکٹ بال

la natation
سوئمنگ

la boxe
باکسنگ

le hockey sur glace
آئس ہاکی

le football

فٹبال

le badminton

بیڈ منٹن

l'athlétisme

ایتھلیٹکس

le handball

ہینڈ بال

le ski

سکیینگ

le polo

پولو

les activités
کم

sauter
چھال مارنا
embrasser
چھپی پانا
rire
ہنسنا
marcher
چلنا
chanter
گانا گانا
rêver
خواب
prier
دعا
faire la bise
بوسہ

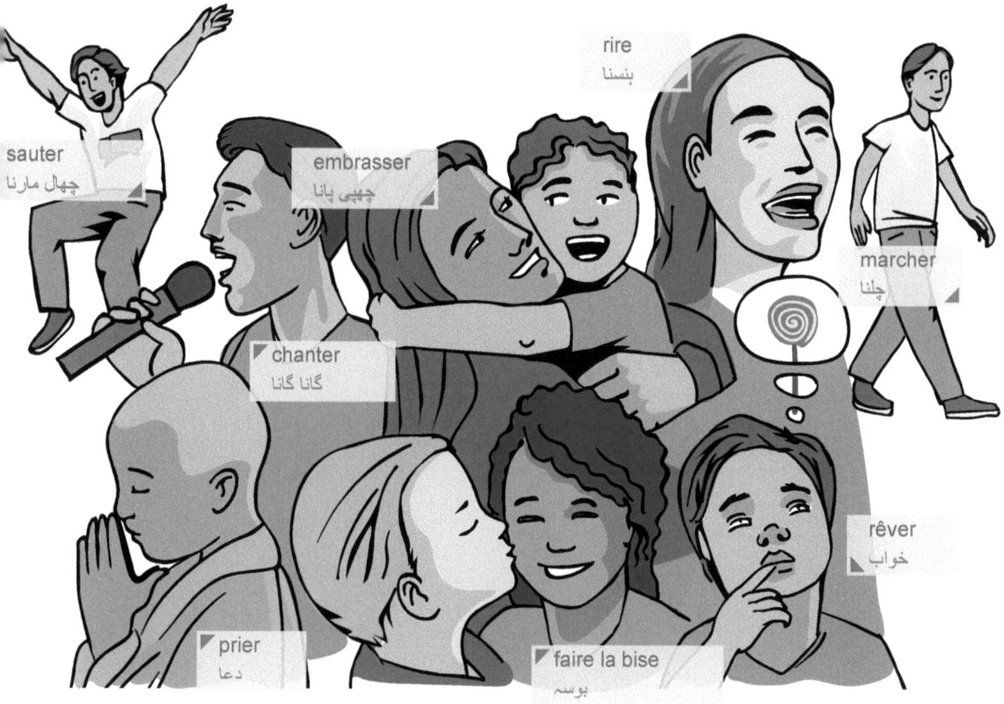

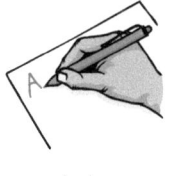

écrire

لکھنا

dessiner

لیک لانا

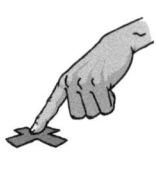

montrer

وکھانا

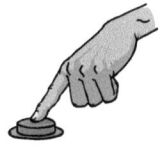

pousser

دھکا

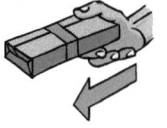

donner

دینا

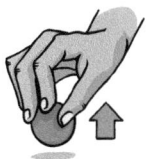

prendre

لینا

avoir

ہے وے

faire

کرنا

être

ہو

être debout

کھلونا

courir

دوڑنا

trier

چیھکنا

jeter

سٹنا

tomber

ٹھینا

être couché

جھوٹ

attendre

انتظار

porter

چکنا

être assis

بیھنا

s'habiller

کپڑے پانا

dormir

سونا

se réveiller

جاگنا

regarder

ویکھنا

pleurer

رونا/چلانا

caresser

سٹروک

peigner

کنگھا

parler

گل کرنا

comprendre

سمجھنا

demander

پوچھنا/دسنا

écouter

سننا

boire

پینا

manger

کھانا

ranger

تیار ہونا

aimer

محبت

cuire

پکانا

conduire

گڈی چلانا

voler

اڈنا

faire de la voile

سمندری سفر

calculer

کیلکولیٹ

lire

پڑھنا

apprendre

سیکھنا

travailler

کم

se marier

شادی

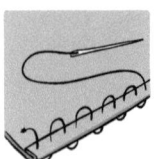

coudre

سیونا

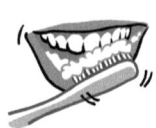

brosser les dents

دند صاف

tuer

قتل

fumer

دھواں

envoyer

بھیجنا

la famille
کنبہ

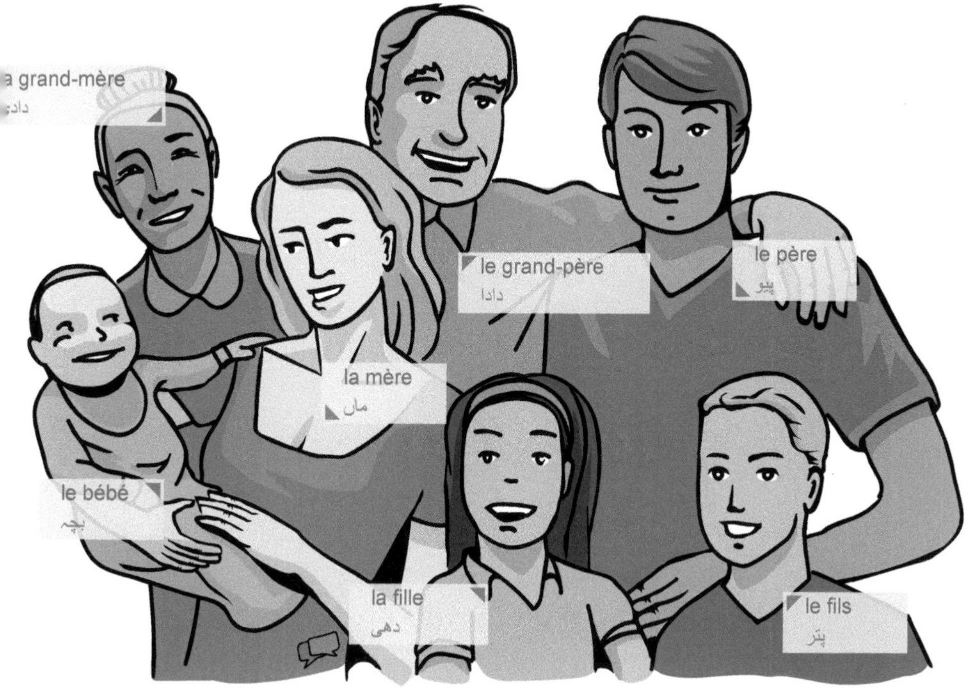

a grand-mère
دادی
le grand-père
دادا
le père
پیو
la mère
ماں
le bébé
بچہ
la fille
دھی
le fils
پتر

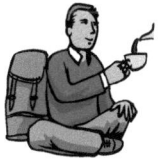

l'hôte
مہمان

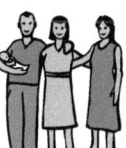

la tante
ماسی / پھو

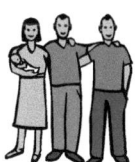

l'oncle
چاچا/ماما

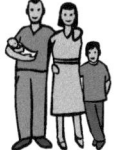

le frère
بھرا

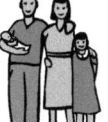

la sœur
بہن

le corps

جسم

le front
متھا
l'œil
اکھ
l'épaule
منڈھے
le doigt
انگلی
le visage
منہ
le menton
ٹھوڑی
la main
ہتھ
la jambe
لت
la poitrine
چھاتی
le bras
بانہ

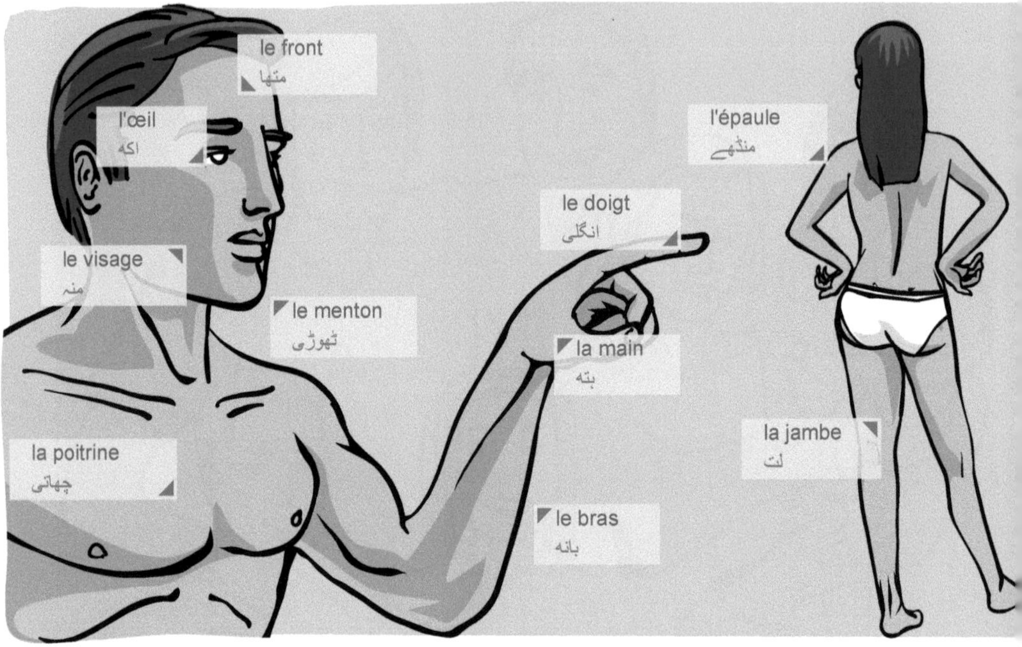

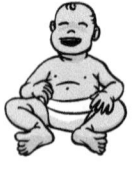

le bébé

بچہ

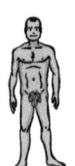

l'homme

بندہ

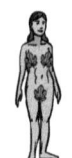

la femme

جنانی

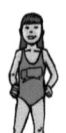

la fille

کڑی

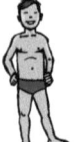

le garçon

مڑا

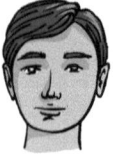

la tête

سر

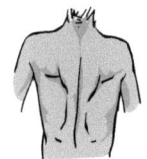

le dos

كمر

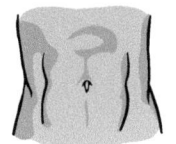

le ventre

ٹھڈ

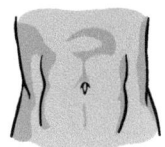

le nombril

تهنى

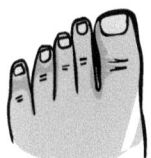

l'orteil

پنجہ

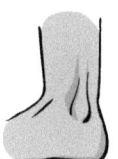

le talon

ایڑی

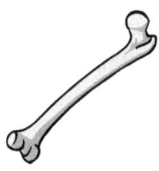

l'os

ہڈم

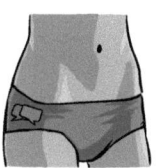

la hanche

کولہے

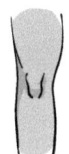

le genou

گوٹے

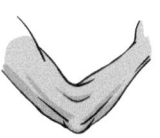

le coude

کہنی

le nez

نک

les fesses

زیر جامہ

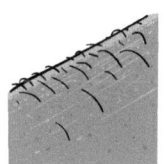

la peau

کھل

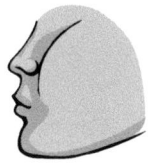

la joue

گلاں

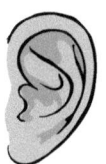

l'oreille

کن

la lèvre

بل

la bouche

منہ

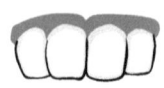

la dent

دند

la langue

زبان

le cerveau

دماغ

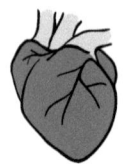

le cœur

دل

le muscle

پٹھے

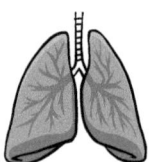

les poumons

پھیپھڑے

le foie

جگر

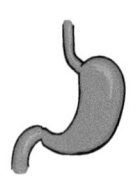

l'estomac

ثھّة

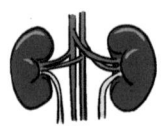

les reins

گردے

le rapport sexuel

جنس

le préservatif

کنڈم

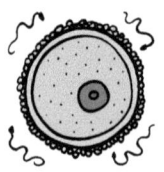

l'ovule

انڈے

le sperme

منی

la grossesse

حمل

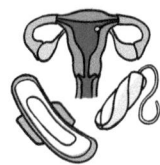

la menstruation

حیض

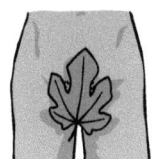

le vagin

اندام نہانی

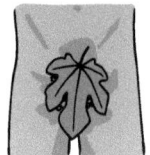

le pénis

عضو تناسل

le sourcil

بھوں

les cheveux

بال

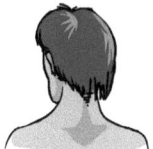

le cou

گردن

l'hôpital

ہسپتال

l'hôpital
ہسپتال
l'ambulance
ایمبولنس
le fauteuil roulant
وہیل چئیر
la fracture
فریکچر

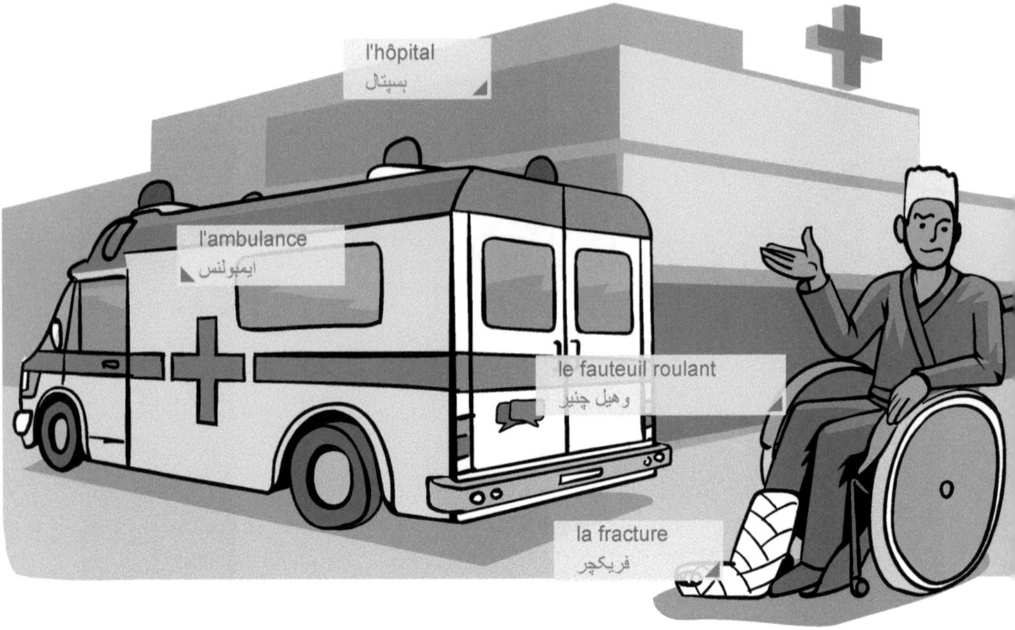

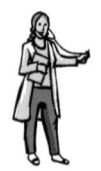

le médecin

ڈاکٹر

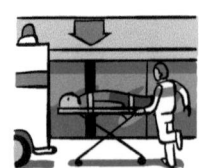

le service des urgences

ہنگامی کمرہ

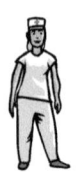

l'infirmière

نرس

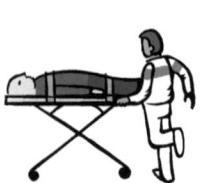

l'urgence

ایمرجنسی

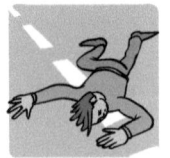

inconscient

بے ہوش

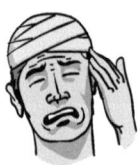

la douleur

درد

la blessure

سٹ

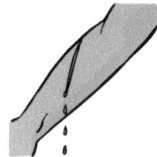

l'hémorragie

خون نکلنا

la crise cardiaque

دل نا دوره

l'attaque cérébrale

فالج

l'allergie

الرجی

la toux

کھنگ

la fièvre

تپ

la grippe

نزلہ

la diarrhée

اسہال

le mal de tête

سر درد

le cancer

کینسر

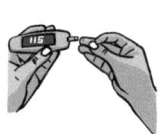

le diabète

شوگر (ذیابطس)

le chirurgien

سرجن

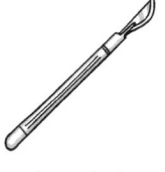

le scalpel

سکیلپیل

l'opération

آپریشن

le CT

سی ٹی

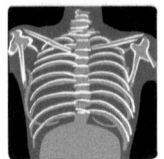

la radiographie

ایکسرے

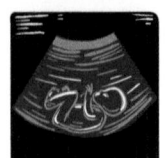

l'échographie

الٹرا ساؤنڈ

le masque

چہرہ نا ماسک

la maladie

بماری

la salle d'attente

انتظار گاہ

la béquille

بیساکھی

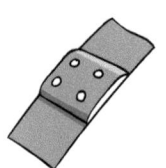

le pansement

پلستر

le pansement

پٹی

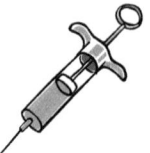

l'injection

ٹیکہ

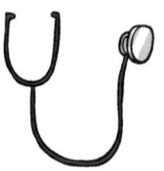

le stéthoscope

سٹیتھوسکوپ

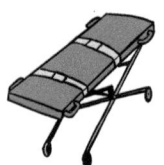

le brancard

اسٹریچر

le thermomètre

کلینکل تھرمومیٹر

l'accouchement

پیدائش

la surcharge pondérale

زائدالوزن

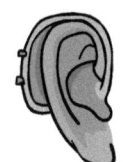

l'appareil auditif

سنن لئی آلہ

le désinfectant

جراثیمم کش

l'infection

متعدی مرض

le virus

وائرس

le VIH / le sida

HIV/AIDS

le médicament

دوائی

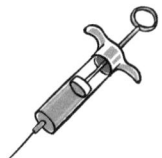

la vaccination

ویکسینیشن

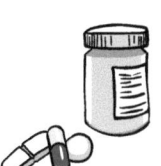

les comprimés

گولیاں

la pilule

گولی

l'appel d'urgence

ہنگامی کال

le tensiomètre

بلڈ پریشر مانیٹر

malade / sain

بیمار / صحتمند

l'alarme

الارم

l'assaut

حمله

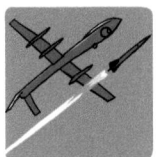

l'attaque

حمله

Au secours !

مدد!

le danger

خطره

la sortie de secours

بنگامی اخراج

Au feu!

اگ!

l'extincteur

اگ بجاهن والا آله

l'accident

حادثہ

la trousse de premier
secours

فرسٹ ایڈ کٹ

SOS

SOS

la police

پلس

l'Europe

یورپ

l'Amérique du Nord

شمالی امریکہ

l'Amérique du Sud

جنوبی امریکہ

l'Afrique

افریقہ

l'Asie

ایشیاء

l'Australie

آسٹریلیا

l'Océan atlantique

اٹلانٹک

l'Océan pacifique

پیسیفک

l'Océan indien

بحیرہ ہند

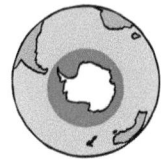

l'Océan antarctique

بھیرہ انٹارکٹک

l'Océan arctique

بھیرہ آرکٹیک

le Pôle nord

قطب شمالی

le Pôle sud

قطب جنوبی

l'Antarctique

انتارکتیکا

la terre

زمین

le pays

خشکی

la mer

سمندر

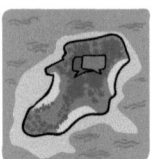

l'île

جزیره

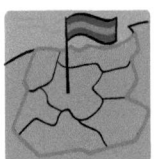

la nation

قوم

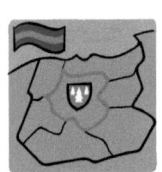

l'état

ریاست

le cadran

کلاک فیس

l'aiguille des heures

نکی سوئی

l'aiguille des minutes

وڈی سوئی

l'aiguille des secondes

سیکنڈ ہینڈ

Quelle heure est-il ?

کی ٹائم ہو یا اے؟

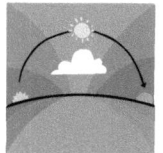

le jour

دن

le temps

وقت

maintenant

ہون

la montre digitale

ڈیجیٹل گھڑی

la minute

منٹ

l'heure

گھنٹہ

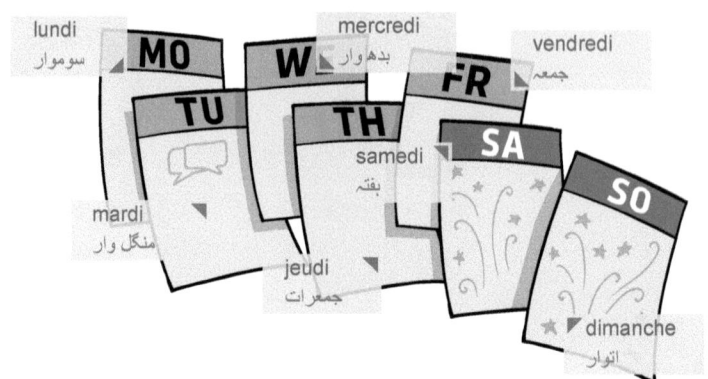

lundi
سوموار

mercredi
بدهوار

vendredi
جمعہ

mardi
منگل وار

jeudi
جمعرات

samedi
هفته

dimanche
اتوار

hier

کل

aujourd'hui

اج

demain

کل

le matin

سویر

le midi

دوپهر

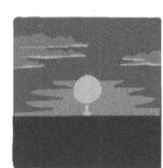

le soir

شام

les jours ouvrables

کاروباری دن

le week-end

ویک اینڈ

l'année
سال

l'arc-en-ciel
رین بو
la pluie
بارش
la neige
برف
le vent
ہوا
le printemps
بہار
l'automne
خزاں
l'été
گرمی
l'hiver
سردی

4.APRIL 11°
5.APRIL 4°
6.APRIL 13°
7.APRIL 8°
8.APRIL 10°

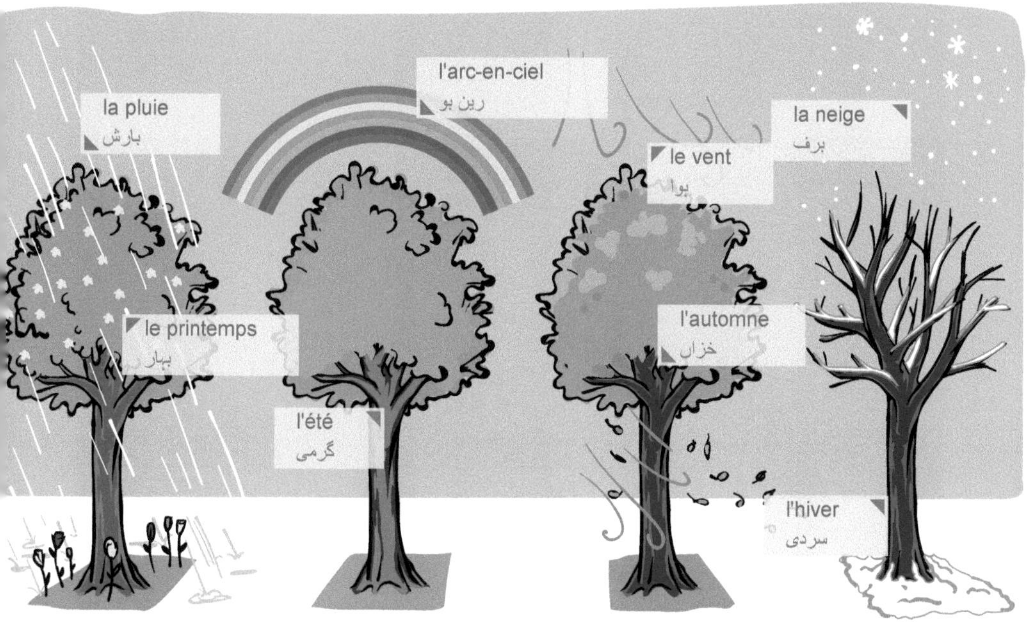

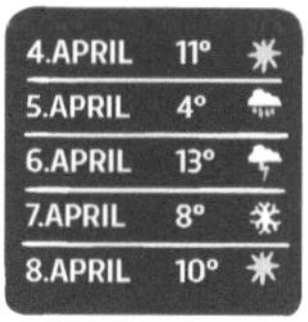

la météo
موسمی پیشگوئی

F
C

le thermomètre
تھرمامیٹر

la lumière du soleil
سورج نے چمک

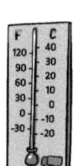

le nuage
بدل

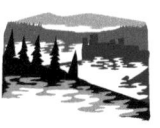

le brouillard
دھند

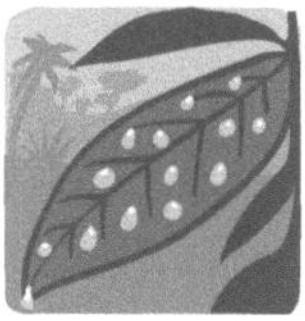

l'humidité
نمی

la foudre

بجلی کڑکنا

la tonnerre

گرج

la tempête

نھیری

la grêle

اولے

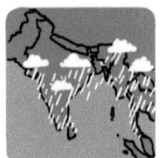

la mousson

ساون

l'inondation

سیلاب

la glace

برف

janvier

جنوری

février

فروری

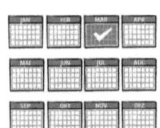

mars

مارچ

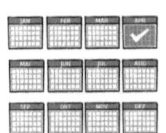

avril

اپریل

mai

مئی

juin

جون

juillet

جولائی

août

اگست

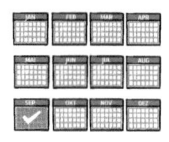

septembre

ستمبر

octobre

اكتوبر

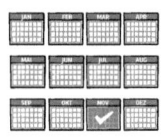

novembre

نومبر

décembre

دسمبر

les formes

شکلاں

le cercle

گول

le carré

چوکور

le rectangle

مستطیل

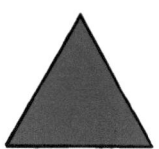

le triangle

مثلث

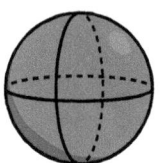

la sphère

دائره نما

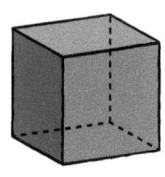

le cube

مکعب

les couleurs

blanc

چٹا

jaune

پیلا

orange

نارنجی

rose

گلابی

rouge

رتا

violet

جامنی

bleu

نیلا

vert

برا

marron

کتھنی

gris

سرمئی

noir

کالا

beaucoup / peu

زیاده / گهٹ

fâché / calme

ناراض / پرسکون

joli / laid

خوبصورت / بدصورت

le début / la fin

ابتداء / اختتام

grand / petit

وڏا / نکا

clair / obscure

روشن / نهيرا

frère / soeur

بهرا / بهن

propre / sale

صاف / گندا

complet / incomplet

مکمل / نا مکمل

le jour / la nuit

دن / رات

mort / vivant

مرده / انده

large / étroit

چوڙا / تنگ

comestible / incomestible

خوردنی / ناقابل خوردنی

méchant / gentil

پھیڑا / چنگا

excité / ennuyé

خوش / ناخوش

gros / mince

موٹا / پتلا

le premier / le dernier

پہلا / أخرى

l'ami / l'ennemi

دوست / دشمن

plein / vide

بھریا / خالی

dur / souple

سخت / نرم

lourd / léger

بھاری / ہلکا

faim / soif

بھوک / پیاس

malade / sain

بیمار / صحتمند

illégal / légal

قانونی / غیر قانونی

intelligent / stupide

ذہین / بیوقوف

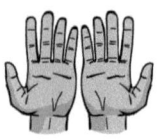

gauche / droite

کھبا / سجا

proche / loin

کولے / دور

nouveau / usé

نوان / پرانا

rien / quelque chose

کجہ نئیں / سب کجہ

vieux / jeune

بڈھا / جوان

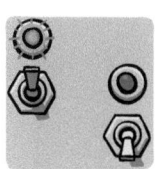

marche / arrêt

کھولنا / بند کرنا

ouvert / fermé

کھولنا / بند کرنا

faible / fort

خاموشی / شور

riche / pauvre

امیر / غریب

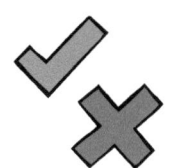

correct / incorrect

درست / غلط

rugueux / lisse

کھردرا / ہموار

triste / heureux

افسردہ / خوش

court / long

نکا / لما

lent / rapide

آہستہ / تیز

mouillé / sec

گیلا / خشک

chaud / froid

گرم / ٹھنڈا

la guerre / la paix

جنگ / امن

0

zéro

صفر

1

un / une

اک

2

deux

دو

3

trois

تن

4

quatre

چار

5

cinq

پنج

6

six

چه

7

sept

ست

8

huit

اٹھ

9

neuf

نو

10

dix

دس

11

onze

یاراں

12

douze

باران

13

treize

تیران

14

quatorze

چودا

15

quinze

پندره

16

seize

سوله

17

dix-sept

ستاراں

18

dix-huit

اٹھاراں

19

dix-neuf

انیہ

20

vingt

وی

100

cent

سمو

1.000

mille

ہزار

1.000.000

le million

ملین

l'anglais

انگریزی

l'anglais américain

امریکی انگریزی

le chinois mandarin

چینی مینڈیرین

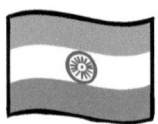

le hindi

ہندی

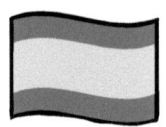

l'espagnol

سپینش

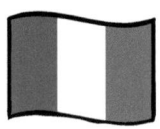

le français

فرینچ

l'arabe

عربی

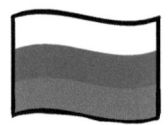

le russe

رشین

le portugais

پرتگالی

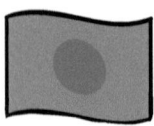

le bengali

بنگالی

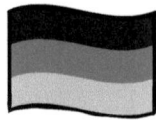

l'allemand

جرمن

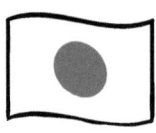

le japonais

جاپانی

je

میں

tu

تُوں

il / elle / ce, c', cela

وہ/اوہ/ایہہ

nous

اسِیں

vous

تُوں

ils / elles

او

Qui ?

کون؟

Quoi ?

کی؟

Comment ?

کیوں؟

Où ?

کتھے؟

Quand ?

کدوں؟

le nom

ناں

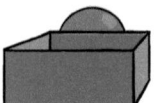

derrière

پچھے

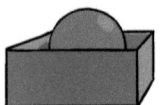

dans

وچ

devant

نے سامنے

au-dessus

تے

sur

تے

en-dessous

ہیٹھ

à côté de

سوا

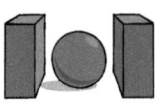

entre

مابین

le lieu

جگہ